AF563702

LE DANGER

DES PRÉVENTIONS NATIONALES,

OU

COURT EXPOSÉ DE LA CONDUITE

D'YVES ***PROUST,***

Membre du comité révolutionnaire de Nantes.

« J'ai connu des citoyens vertueux, humains et » trompés dans les comités révolutionnaires de » Paris ; j'en ai vu chez moi, gémir de n'oser » donner leur démission, etc. »

LEGENDRE, séance du 5 ventôse.

PROUST,

MEMBRE DU COMITÉ RÉVOLUTIONNAIRE DE NANTES:

A LA CONVENTION NATIONALE.

Sed quoniam parum tuta per se ipsa probitas est, ad vos confugi, PATRES CONSCRIPTI...

« Mais puisque la probité trouve en elle-même un foible appui, c'est à vous, Pères conscrits, que j'ai recours... »

(SALLUSTE, *de la guerre de Jugurtha.*)

CITOYENS REPRÉSENTANS,

Quand vous avez mis la justice et la probité à l'ordre du jour, vous avez dit au malheur : *Tu trouveras ici ton refuge.*

Le citoyen, victime du crime ou de l'erreur des hommes, a tressailli de joie; l'espérance est entrée dans son cœur, flétri par de longues souffrances, et a rendu plus légers les fers que le tems appesantissoit, et que la justice brisera.

Législateurs, vous avez beaucoup fait sans doute : mais si un seul être innocent gémit encore privé de sa liberté, votre immortel ouvrage n'est point achevé : et lorsqu'il ne manque rien à votre gloire, il manque encore quelque chose à votre bonheur.

Du fond de l'abîme, je vous crie : JE SUIS INNOCENT ! Tout Nantes vous répétera : IL EST INNOCENT !

Législateurs, lisez et jugez-moi.

Vous m'entendrez avec intérêt ; vous ne repousserez pas ma douleur..... et sitôt que la vérité vous sera connue, vous vous hâterez de rendre à la liberté, celui qui, depuis cinq années, n'a cessé de travailler et de combattre pour elle.

Exempt de crainte et de remord, j'appelle la justice nationale ; je l'invoque dans son premier sanctuaire, et je l'attends au fond de ma prison.

YVES PROUST.

LE DANGER

DES PRÉVENTIONS NATIONALES,

OU

COURT EXPOSÉ DE LA CONDUITE D'YVES PROUST,

Membre du comité révolutionnaire de Nantes.

LA prévention rend toujours injuste ; elle est un excès dans le bien et dans le mal.

Les peuples, comme les individus, se laissent souvent prévenir, c'est-à-dire, tromper ; et l'histoire des préventions nationales offre un long tableau de crimes et de malheurs.

Si les Athéniens n'eussent point été prévenus contre *Aristide* et contre *Socrate*, l'ostracisme n'eût point proscrit le plus juste des Grecs ; la ciguë n'eût point été offerte au plus sage. Si ces mêmes Athéniens, toujours extrêmes, jusques dans leur frivolité, ne s'étoient laissés prévenir par les dehors trompeurs de *Thémistocle* et d'*Alcibiade*, ces hommes ambitieux n'auroient point conspiré contre la république. Sans les préventions nationales, la guerre du Péloponnèse, qui dura 27 ans, n'auroit point dépeuplé la Grèce et préparé son asservissement.

Rome, souvent victime des préventions populaires, éleva le crime et proscrivit la vertu ; elle admira trop *César*, qui, de sénateur, devint maître du monde ; elle poursuivit *Brutus* qui avoit poignardé le tyran ; elle exila *Cicéron* qui avoit sauvé sa patrie ; elle éleva des autels à *Néron* après sa mort.

Mais déjà même, dans l'histoire de notre révolution, nous pouvons trouver des fautes, déplorer des erreurs et puiser d'utiles leçons. La prévention forma des idoles, éleva des tyrans, et poussa sur l'échafaud les fondateurs de la liberté. Combien de citoyens, égarés par une prévention funeste, ont cru aux vertus de *Robespierre* et aux crimes de *Phelippeaux* ! et, tel est le déplorable ascendant de ces préventions nationales, qu'il est de grandes victimes de la tyrannie, proscrites encore dans la mémoire de leurs contemporains, et dont l'histoire s'apprête à révéler, aux siècles à venir, la gloire impérissable et la vertu méconnue. Français ! la postérité décernera des couronnes civiques à des hommes que le glaive des factions a dévorés ; et vos enfans briseront le poignard, avec lequel la calomnie remue encore leurs cendres au fond de leur tombeau.

O mes concitoyens ! défendez-vous d'un enthousiasme fatal ou d'une prévention meurtrière. Jugez l'homme qui s'est montré assis à côté des tyrans, sur ses actions, et non sur la place où vous l'avez vu. Tel se présente aux pieds des statues de la liberté dont les adorations sont peut-être hypocrites et le culte sacrilége. Tel autre vous a paru servir la tyrannie qui fut un bon citoyen. Encore une fois, examinez la vie des hommes, et ne les jugez que sur leurs actions.

Toute la France a retenti des crimes qui ont été commis à Nantes. Il n'est pas un citoyen qui ne se soit attendri sur les malheurs qui ont désolé cette cité célèbre par son amour pour la liberté. Une indignation générale, sortie de tous les cœurs, comme un volcan, s'est débordée sur les auteurs de tant de maux, et les membres du comité révolutionnaire de Nantes ont été proscrits par l'opinion publique.

Mais tous, sans exception, méritoient-ils de l'être? Les réflexions que je viens de faire sur le danger des préventions, ont été amenées par l'exposé suivant de la conduite d'un des membres de ce comité révolutionnaire.

Yves PROUST, cloutier, connu avant et depuis la révolution, pour un homme probe, vertueux, serviable; fidèle à tous ses devoirs de citoyen, d'époux et de père; jouissant à Nantes de l'estime générale que ses malheurs ne lui ont point enlevée, fut mandé au comité révolutionnaire quelque temps après son établissement; et, soit que les membres qui le composoient ne se fussent point encore égarés dans les sentiers du crime; soit qu'ils jugeassent utile à leurs pojets de couvrir, du manteau de la vertu, les déplorables excès auxquels ils alloient se livrer, ils invitèrent *Proust* a partager avec eux leur funeste magistrature. *Proust* essaya vainement d'en rejetter le poids; inutilement, il parla de son peu d'aptitude aux affaires publiques; il fut pressé, menacé d'être dénoncé à Carrier comme un homme suspect, et comme tel incarcéré jusqu'à la paix... Il fut donc forcé d'accepter sa nomination.

Ce fait a été plutôt avoué que contesté, par quelques membres du comité, dans les longs débats qui ont précédé le jugement rendu par le tribunal révolutionnaire.

Un autre fait, devenu plus constant, puisque *Goullin* crut devoir l'ériger en reproche, en crime même, c'est que *Proust se déplaisoit au comité ; que chaque jour il y arrivoit tard ; qu'il n'assistoit jamais aux séances de la nuit, et qu'il se retiroit ordinairement sur les six heures du soir* (1).

Un troisième fait, devenu constant par les dépositions de quatre témoins, appellés à charge contre le comité (2), c'est que Proust témoignoit souvent la douleur qu'il ressentoit d'être associé à ses collègues, et le désir, long-tems impuissant, de donner sa démission.

Il fit une tentative vaine auprès du représentant du peuple *Lequinio*, qui le mit en requisition pour les travaux de la marine, mais qui refusa de le démettre de sa place de membre du comité.

Dès le commencement du mois de germinal, *Proust* s'absenta tout-à-fait du lieu de ses séances. Enfin, le 25 du même mois, à force de sollicitations auprès du représentant du peuple *Gareau*, il en obtint sa démission, et se fit, de nouveau, mettre en requisition pour le service des ports de la République (3).

---

(1) Débats du tribunal révolutionaire, séance du 27 brumaire.

(2) *Le Roux*, capitaine de navire, *Vilmain*, négociant, *Coussiran*, vitrier, et *Gainche* fils, élève de l'école normale.

(3) Le citoyen *Mosneron*, secrétaire du représentant du peuple

C'étoit deux mois et demi avant la destitution et l'emprisonnement de membres du comité.

Voici un quatrième fait, qui seul seroit la justification de *Proust*. Dès qu'on sut à Nantes qu'il avoit donné sa démission, plusieurs citoyens, que des actes arbitraires avoient frappés dans leurs personnes, dans leurs parens ou dans leurs amis (1), se rendirent chez lui, pour lui témoigner le regret qu'ils éprouvoient de le voir quitter un poste, où, sans trop consulter une prudence timide et la crainte des dangers dont il s'environnoit, il avoit réussi à prévenir quelques abus d'autorité, et à en faire cesser un plus grand nombre.

Quelle a été la conduite de *Proust* pendant qu'il a été membre du comité révolutionnaire?

Jusqu'à l'époque de sa nomination, *Proust* n'étoit connu que par de bonnes actions, faites sans faste et sans éclat (2), par une irréprochable probité, par des mœurs douces et pures, par ce patriotisme, d'autant plus vrai, qu'il est sans exagération, et qui consiste dans l'amour de l'égalité, de la justice et des loix, dans une haine prononcée contre la tyrannie et le brigandage, dans le respect des personnes et des propriétés, sur-tout dans la pratique des vertus, sans lesquelles

---

Garcau, peut attester que *Proust* mit beaucoup d'instance et de chaleur à poursuivre sa démission. L'ordre de réquisition est déposé, avec les pièces justificatives de *Proust*, au comité de sûreté générale.

(1) De ce nombre furent les citoyens *Valin*, receveur du district, *la Maignere* et *Bernard* aîné négociant.

(2) Honorant la vieillesse et le malheur, *Proust* à nourri et logé chez lui, pendant deux ans, la veuve *Griet*, femme infirme, agée de quatre-vingt dix-sept ans, et sa fille qui, après une maladie de [illegible]nze mois, est morte l'année dernière sous le toît hospitalier où la [illegible] son infortune.

celui qui se dit républicain, n'est qu'un lâche égoïste ou un vil brigand.

Sa bonne réputation ne fut point ternie tant qu'il fut membre du comité. Il est même vrai de dire qu'elle brilla davantage dans cette longue nuit du crime, qui enveloppa Nantes d'un crêpe sanglant et du sommeil de la mort.

Il fut constamment chargé de tenir un registre des demandes en certificats de civisme, d'examiner les pièces à l'appui, d'en faire le rapport au comité. Travaillant dans un bureau séparé, il prenoit peu ou point de part aux délibérations générales, et si on a surpris à sa bonne foi quelques signatures répréhensibles, c'est qu'il étoit bien difficile, pour ne pas dire impossible, que pendant cinq mois qu'il a rempli des fonctions pénibles, il ne signât rien de confiance, par crainte ou par entraînement.

J'ai entendu dire et répéter : *il est vrai que les témoignages les plus honorables s'élèvent en faveur de* Proust ; *mais il a signé !..... Pourquoi donc a-t-il signé ?* Pourquoi ? Mais avant que je vous réponde, observez, vous tous qui raisonnez ainsi, observez que ce sont les victimes de la tyrannie elles-mêmes, que ce sont les accusateurs du comité qui rendent ces *témoignages honorables à Proust*. Réfléchissez bien qu'il eût été compris dans la juste animadversion qui poursuit les agens et complices de Carrier, si les Nantais n'eussent été convaincus qu'il fût constamment étranger à leurs mesures violentes et contre-révolutionnaires ; si les Nantais n'eussent reconnu qu'il a fait à ses concitoyens tout le bien qu'il étoit en son pouvoir de faire. Maintenant rejeterez-vous ces *témoignages* plus forts que tous vos raisonnemens !

Cependant il est une autre réponse à vous faire : *il a signé*, dites-vous, *pourquoi a-t-il signé ?* Il est clair que vous ne raisonneriez pas ainsi, si vous ne vous mettiez, sans vous en douter, à la place de *Proust*, si vous ne lui prêtiez votre portion d'intelligence ; car votre raisonnement n'est autre que celui-ci : *à la place de Proust, je n'aurois pas signé ; il a signé, donc il est coupable.* Rien de plus vicieux que cette logique-là. Dès qu'un homme, que son éducation et ses lumières n'appellent point à remplir des fonctions difficiles, a voulu en repousser le fardeau, on n'a plus aucun reproche à lui faire ; et si, malgré lui, il se trouve dans le cas de concourir, uniquement par sa signature, à des actes coupables, mais obscurs dans leur contenu, et n'énonçant pas le crime qu'ils vont commander, (1) on peut faire le procès à son intelligence, mais on ne peut incriminer son intention et sa moralité ; surtout si une suite non interrompue d'actes de bienfaisance et d'humanité vient déposer en sa faveur. Cette réflexion est générale, et peut s'appliquer à quelques autres membres du comité comme à *Proust*.

Or, quels sont les défenseurs officieux de *Proust* ? Ce sont les accusateurs et les victimes du comité ; ce sont les Nantais en masse.

(1) *Proust* a signé ; ainsi que *Guillet* et L. *Naux* un ordre, donné à *Affilé* charpentier, de requérir, au nom de la loi, d'autres charpentiers pour *travailler* à reparer des navires. Cet ordre ne portoit point d'y faire des *soupapes* ; il n'y avoit point eu de délibération préalable. Les *meneurs* seuls étoient dans le secret.

Quels sont ses actes bienfaisans ? .... Les voici :

A l'époque où *Proust* fut chargé de la partie des certificats de civisme, on incarcéroit, sur toute la surface de la République, ceux qui ne pouvoient en obtenir. Ainsi les comités révolutionnaires étoient juges et parties ; ils commençoient par refuser à un citoyen le certificat qu'il demandoit, et ils lui disoient ensuite : *tu n'as pas ton certificat, donc tu es suspect ; tu es suspect, donc tu dois être incarcéré.*

Proust ne se contentoit point de mettre une activité infatigable dans son travail, il y joignoit un zèle qui fut souvent trouvé indiscret et blâmé. A force d'insister, il parvenoit à conserver la liberté d'un bon citoyen, en faisant signer son certificat de civisme. Sans lui, sans ses généreux soins, beaucoup de Nantais n'en eussent jamais obtenu. C'est un témoignage que peuvent lui rendre les citoyens *Lormier*, juge au tribunal de commerce ; *Bridon*, officier municipal en 1793 ; *Saarbourse*, négociant, et autres ; c'est un témoignage qui lui a été rendu, pendant les débats, au tribunal révolutionnaire, par le citoyen *Coussiran*, administrateur du district, et par plusieurs autres témoins (1).

La maison de *Proust* fut constamentouverte

---

(1) Quatorze ou quinze citoyens venoient chaque jour chez *Proust* solliciter l'obtention de certificats de civisme, souvent déjà refusés ; ils conservent tous un souvenir reconnoissant de l'accueil fraternel qu'ils ont reçu.

Le citoyen *Boyer*, capitaine de navire, demeurant île Feydeau, fut destitué par le ministre de la marine, sur le vu des lettres que quelques membres du comité lui écrivirent --- *Proust* parvint, à force de démarches et de tentatives souvent repoussées, à lui faire accorder un certificat de civisme ; et alors le citoyen *Boyer* fut réintégré dons sa place.

au malheur. C'est là qu'on alloit solliciter pour un enfant, pour un époux ou pour un frère détenu. C'est-là que, pour me servir de l'expression d'un des témoins à charge, le citoyen MOSNERON, *c'est-là qu'on alloit chercher des consolations*.

Un arrêté du comité, en date du 24 frimaire, défendoit aux parens des détenus, de solliciter pour eux, sous peine d'être incarcérés comme suspects. Ce terrible arrêté fut affiché aux deux côtés de la boutique de *Proust*; il alloit devenir un épouvantail pour l'infortune; la vertueuse épouse de *Proust*, est chargée d'arracher cette affiche pendant la nuit. Mais pour ne pas se compromettre, dorénavant les citoyens seront introduits dans sa maison par une porte *dérobée*: ils entreront furtivement, à la faveur des ténèbres; et en attendant, de bons voisins, le citoyen *Bureau*, boulanger, et son épouse, le citoyen *Chenel*, marchand, et sa femme sont chargés de faire signe aux personnes qui se présenteront, pendant le jour, de faire le tour de la maison, et d'entrer par la porte de derrière. Ce trait est caractéristique; il vaut seul un volume de pièces justificatives. O vertu! O humanité!... Et, depuis cinq mois *Proust* gémit dans les cachots!...

Parmi les détenus qui lui doivent leur liberté, et le nombre s'en élève à plus de cent, les Nantais ont fait entendre leur voix; ils ont réclamé leur bienfaiteur, l'homme qu'ils appelloient *le bon ange du comité* (1).

De nombreux certificats, dont un couvert de plus de trois cents signatures, ont attesté

(2) Déclaration du citoyen *Mosneron*, témoin à charge.

les services que *Proust* avoit osé rendre à ses concitoyens. Et certes des certificats, délivrés après le 9 thermidor, signés par les victimes de Carrier et de ses agens, ne sont point des pièces insignifiantes et auxquelles on doive peu s'arrêter. Ce sont des tables sacrées où la justice trouve son jugement tout rédigé (1).

Il faut détruire ici une objection qui se présente naturellement. *Proust a fait mettre en liberté ungrand nombre de citoyens ; Proust avoit donc du crédit au comité.* Cette objection seroit sans force à Nantes, où l'on sait bien qu'il n'avoit aucune espèce d'influence ni par ses talens, ni par son caractère. Mais la vertu ne perd jamais tout son ascendant ; et ce qu'elle ne peut obtenir, un zèle soutenu, des démarches réitérées, l'importunité l'arrachent. D'ailleurs *Proust* étoit sûr d'être secondé par *Gillet* et *Naux*, dont le cœur ne fut jamais fermé à la justice et à l'humanité. La sagesse phlegmatique du premier, la chaleur du second appuyoient ses démarches, et quelquefois en assuroient le succès. C'est ainsi que Proust empêchoit aussi quelquefois l'arrestation des citoyens (2). C'est ainsi qu'il préserva le bourg de la *Chapelle-sur-Erdre* du pillage et de la destruction, après avoir fait rendre à la liberté plusieurs de ses habitans.

---

(1) Voyez n.° 1. des *pièces justificatives*, un de ces certificats, revêtu des signatures de 62 citoyens presque tous négocians et marchands, c'est à dire de ceux contre qui la fureur des proscriptions s'est principalement signalée. Voyez aussi, sous le n°. 2, un extrait de la liste des citoyens que *Proust* est parvenu à faire mettre en liberté.

(2) Le citoyen *Marchand*, négociant, etc.

C'est ainsi qu'il a ouvert les portes des prisons à vingt revendeuses d'herbes et de fromage, que le comité avoit fait incarcérer, d'après les ordres de *Carrier ;* c'est ainsi qu'il bravoit les dégoûts, les injures, pour parler en faveur des détenus.

Il a été appris aux débats, et le fait n'a point été contesté par les accusés, que lorsque *Proust* vouloit faire entendre quelques réclamations au comité, plusieurs de ses collègues s'écrioient : *voilà le pleureur ! voilà l'apitoyeur !* mais, c'étoit peu sans doute lorsque, par une singulière exaltation de patriotisme, ou par tout autre motif, la raillerie ne faisoit point place aux menaces.

Il est tems que l'on connoisse jusqu'à quel point la respectable épouse de PROUST secondoit ses bienfaisans efforts pour adoucir les maux de l'infortune. L'ame des Français trop long-tems flétrie par le tableau des horreurs, qui ont été commises à Nantes, aimera sans doute à se reposer sur des récits simples et naïfs, qui n'ont pas besoin d'ornement (1).

La citoyenne *Bertand la Violaye* étoit venue au comité solliciter la liberté de son mari; lorsqu'elle se fut retirée, on délibéra de l'incarcérer elle même ; l'arrêté alloit être mis aux voix, lorsque *Proust* court chez elle et lui conseille de se sauver. Cette infortunée sort de sa maison, pendant l'hyver, à six heures du soir ; elle va chercher un asyle... chez qui ? . . . Chez la citoyenne *Proust* qui l'accueille, la console, et, pendant huit jours, lui fait oublier ses malheurs.

(1) *Ornari res ipsa negat.*

Elle a donné l'hospitalité, pendant deux mois entiers, à la citoyenne *Becdelièvre* et à sa fille agée de sept ans (1).

Il est impossible de détailler tous les services que *Proust* et son épouse ont rendus aux malheureux habitans de Nantes.

Mais je ne puis passer sous silence les traits suivans.

Pendant que *Proust* plaidoit au comité la cause des détenus, sa femme recevoit chez elle leurs parens et leurs amis ; elle leur donnoit des conseils et des consolations ; et ne se bornant pas à ranimer leur cœur à l'espérance, elle faisoit des courses, des démarches souvent pénibles, toujours dangereuses. Elle alloit dans les prisons chercher l'infortune et lui montrer un apui. C'étoit un ange de paix descendu dans le séjour de la mort. *Fais le plus de bien que tu pourras*, lui disoit son mari, *mais prends garde de te compromettre et de me perdre avec toi*

Souvent, n'osant se présenter à la porte de la maison d'arrêt, dite du *bon pasteur* (2) ; craignant d'être reconnue par le concierge, elle attendoit la nuit pour se rendre dans l'allée du calvaire ; et là, loin de tout œil inquisiteur, une épouse, une mère lui parloit à travers les barreaux de sa prison ; elle recevoit des nouvelles de son mari, de ses

(1) Son mari, faussement accusé d'émigration, après avoir été juge et absous, étoit incarcéré à Nantes. Un jour, la citoyenne *Proust* fut trouver un juge du tribunal révolutionnaire et solliciter pour le citoyen *Becdelièvre*. Le juge lui répondit : *je te fourrai dedans si tu m'en parles davantage. Si cette b........ (parlant de la citoyenne Becdelièvre) n'étoit pas grosse, je la ferois f... dedans.*

(1) Le *Bon pasteur* étoit la maison d'arrêt des femmes ; elle en renfermoit cinq à six cens.

enfans ; elle apprenoit qu'un homme vertueux s'intéressoit à son sort, qu'il faisoit des tentatives réitérées, et que peut-être elles seroient suivies du succès. L'espérance descendoit alors dans le cœur flétri de la mère ou de l'épouse captive ; et elles s'endormoient en bénissant le dieu consolateur de l'infortune.

Plusieurs fois la généreuse et digne compagne de *Proust* s'est déguisée en domestique pour pénétrer au premier guichet de la maison de justice, dite du *Bouffay*, et consoler par l'intermédiaire d'une fille de confiance les derniers jours d'un vieillard à cheveux blancs, qui, près de son épouse, achevoit sa vie dans les fers (1).

Plusieurs fois encore, elle s'est rendue à la maison d'arrêt dite du *Sanitat* ; le même motif l'y conduisoit, celui de plaindre et de sécourir les malheureux. Le citoyen *Drouin de parcé* qui s'étoit fait comme le concierge decette maison, pour adoucir la destinée des détenus qu'elle renfermoit, encourageoit le zèle bienfaisant de cette amie de l'humanité ; mais, comme elle pouvoit être reconnue par les surveillans de la tyrannie, elle avoit soin d'apporter, sous son bras, des paquets de lin à filer, pour pouvoir répondre : *je ne suis venue ici que pour donner de l'ouvrage aux prisonniers.* (2)... O pieuse fraude !

---

(1) Le citoyen et la citoyenne *la Rauche*, arrêtés, et volés par *Pinard*. Ils vivent encore ; ils ont été entendus en témoignage dans l'affaire du comité. *Proust* n'étoit pas encore au nombre des accusés.

(2) L'hopital du *Sannitat* ayant été converti en maison d'arrêt, le citoyen *Drouin*, administrateur de l'hopital, voulut, par un généreux dévouement, devenir concierge de la maison d'arrêt ; il n'en portoit point le titre, mais il en remplissoit les fonctions.

mensonges officieux ! Bienfaisante imposture ! Vous tiendrez un jour une place dans les annales de la vertu.

Le fils de la citoyenne *Babut* avoit reçu des fers pour prix de son civisme. Cette mère désolée s'adresse à la citoyenne *Proust*, et son mari se charge de plaider la cause de ce jeune homme qui venoit de servir sa patrie. Après de longues instances, il recueille le fruit de ses soins. L'ordre de mise en liberté est signé ; Proust et son épouse sortent de leur maison à une heure après minuit, pendant l'hyver, et courent chez la citoyenne *Babut*, lui annoncer que son fils va lui être rendu (2) ! ils jouissent des transports de cette mère qui semble renaître à la vie ; et le touchant spectacle de son bonheur et de sa joye est la seule récompense digne du cœur de ces amis de l'humanité

Ah ! l'humanité s'afflige, en voyant que, par un enchaînement fatal de circonstances et d'événemens politiques, que par le déplorable effet de la foiblesse, de l'incertitude de l'esprit humain, *Proust* gémit depuis cinq mois dans les fers, et son épouse désolée s'abreuvant d'amertumes, ne recueille pour prix de tant de vertu, qu'une pitié stérile, qu'une espérance qui fuit et s'éloigne au momant où l'on croit la saisir.

La citoyenne *Proust* osoit porter ses réclamations et ses pièces jusques chez *Carrier*. Elle connoissoit son maître d'hôtel, qui l'in-

(2) Voyés, sous le n°. 4 des *pièces justificatives*, l'extrait touchant d'une lettre écrite, le 18 nivôse dernier, à la citoyenne *Proust*, par la citoyenne *Babut* ; c'est un monument de la piété de l'une et de la reconnoissance de l'autre.

troduisoit, par la cuisine, dans sa maison impénétrable à l'ami des malheureux. Un jour, en présence d'un gendarme, du citoyen *Arnaud*, grenadier nantais, et d'un secrétaire appellé *Marat*, *Carrier* lui cria : *je ne vois que toi venir faire des réclamations pour ces b..... de negocians ; si tu reviens, je te ferai mettre dedans ;* et la poussant à la porte, il froissa violemment sa tête entre les deux battans! .... Elle éprouva de suite un saignement de nez qui dura vingt-quatre heures ; et depuis ce tems, des maux de tête et des étourdissemens lui laissent un long souvenir de ce qu'elle a souffert pour rendre service à ses malheureux concitoyens.

Après le départ de *Carrier*, la citoyenne *Proust* portoit chaque jour des requêtes aux Représentans qui l'avoient remplacé (1) ; et souvent rendue dans leur antichambre à neuf heures du matin, elle s'y retrouvoit à onze du soir.

Une commission dite des *Trois* (2) fut établie pour mettre en liberté les détenus arrêtés illégalement et sans motifs ; la citoyenne *Proust* s'y rendoit souvent pour présenter des requêtes. Un jour, un des commissaires lui dit : *on ne voit que toi ici ; prends une chaise, et tu jaseras plus à ton aise ; ne nous embête pas, ou nous t'empêcherons bien de revenir.*

A cette commission des *Trois* succéda une commission dite des *Douze*. (3) *Proust* y

---

(1) *Prieur* (de-la-Marne) *Garnier* (de-Saintes) *Garan - Coulon*, *Bourbotte*, *Bô*, etc.

(2) *Coron*, *Dehergnes*, et ....

(3) *Castries*, *Lenoir*, *Lecoq*, *Violeau* etc.

fut un jour appelé pour donner des renseignemens sur le compte du citoyen *Daubré*, négociant ; et sur le témoignage qu'il rendit de lui, il fut sur-le-champ mis en liberté. (1)

La citoyenne *Proust*, toujours active, toujours compatissante, couroit des maisons d'arrêt chez les Représentans du Peuple, et de chez les Représentans aux commissions militaires et autres. (2) Aucun jour ne s'écouloit sans qu'il eût été marqué par des actes de bienfaisance.

Lorsque *Proust* étoit parvenu à obtenir la mise en liberté d'un citoyen, il rentroit chez lui le visage plus gai qu'à l'ordinaire, et il disoit à son épouse : *tiens, ma femme, voilà la liberté du citoyen.... cours vîtement la lui porter.* Et sa femme voloit aussitôt rendre des familles entières au repos et à la portion de bonheur qu'elles pouvoient goûter encore au milieu de tant de calamités. (3)

Que sont maintenant quelques signatures surprises à la bonne foi, peut-être arrachées par la terreur, à côté d'une si longue série d'actes de vertu, de civisme et d'humanité ! Quel est le patriote qui oseroit se lever pour accuser *Proust*? Quel est le citoyen qui pourroit conserver encore le doute le plus léger sur sa conduite ! . . . . Ah ! plutôt, est-il un

---

(1) Le citoyen *Daubré* a été appellé comme témoin à charge au tribunal révolutionnaire ; il a rendu justice à *Proust*.

(2) Elle a plusieurs fois sollicité à la commission militaire, le jugement du citoyen *Hervé la Bauche* et de son épouse.

(3) La citoyenne *Proust* fit une lieue au milieu de l'hiver, à huit heures du soir, pour aller à la maison d'arrêt de *l'Epéronnière*, porter au citoyen *Perrotin*, négociant, l'ordre de sa sortie !

seul républicain, digne de ce nom, qui ne gémisse, en lisant cet écrit, sur la destinée d'un homme qui fit tout pour le bonheur de ses semblables, dans un tems où c'étoit un crime de se montrer sensible et généreux !

Français ! vous, dont l'indignation s'est allumée contre tous les membres du comité révolutionnaire de Nantes, reconnoissez maintenant le danger des *préventions nationales*; et en poursuivant les coupables, tremblez de proscrire les innocens.

Le tableau que je viens de tracer n'est pas complet; ce n'est qu'une légère esquisse. Il faudroit un cadre trop vaste pour renfermer toutes les bonnes actions par lesquelles *Proust* a marqué tous les jours de la funeste magistrature du comité.

J'ai déjà dit que Proust étoit entré malgré lui au comité. Il a été prouvé aux débats qui ont eu lieu au tribunal révolutionnaire, qu'il avoit souvent voulu donner sa démission, et qu'elle avoit été refusée par ses collègues. J'ai rapporté qu'après des tentatives infructueuses auprès du représentant *Lequinio*, il avoit enfin été autorisé, par *Gareau*, à abandonner ses fonctions, pour se livrer tout entier aux travaux de la marine. Enfin, j'ai observé que depuis deux mois et demi, il avoit cessé d'être membre du comité, lorsque ceux qui le composoient furent mis en état d'arrestation.

Le courageux Philippes avoit dénoncé le comité révolutionnaire de Nantes, aux jours de sa puissance. Vainement l'autorité voulut-elle arrêter ses poursuites ; sa vertu se cabra ; sa voix fut enfin entendue ; le cri de l'indignation générale s'y joignit ; le comité révolutionnaire fut incarcéré.

PROUST (1) resta libre.

Il fallut tromper les Représentans du Peuple pour provoquer contre lui un acte de rigueur. Un intrigant, bien connu depuis, se chargea de ce soin ; bientôt PROUST fut arrêté et conduit au *Sanitat.*

La voix publique s'éleva aussitôt en sa faveur ; les citoyens se portèrent en foule chez les Représentans pour éclairer leur religion, et trois jours s'étoient à peine écoulés, que PROUST fut mis en arrestation chez lui, d'abord sous la garde d'un gendarme, bientôt sous la simple surveillance de la municipalité.

Voici ce qui détermina cette dernière mesure. En vertu d'un arrêté des Représentans du Peuple, qui appelloit tous les citoyens à venir faire leurs déclarations sur les actes arbitraires du comité dont ils auroient été victimes, un registre de dénonciations fut ouvert à la municipalité. PROUST avoit été membre du comité révolutionnaire ; il parut convenable de s'assurer de lui jusqu'à l'expiration du terme fixé pour recevoir les déclarations.

Au bout de deux décades, on procéda au dépouillement de ces déclarations ; il s'en trouva 442 dont aucune n'inculpoit PROUST directement ni indirectement. Et le jour du départ du comité révolutionnaire pour

---

(1) Ainsi que *Guillet* et autres qui avoient donné leur démission.

Paris, l'ordre qui tenoit Proust aux arrêts chez lui, fut rapporté.

Certes, si le plus léger nuage eût obscurci la moralité de PROUST, sa détention eût été prolongée et rendue plus sévère. Le jour de la justice commençoit à luire sur des contrées trop long-tems désolées ; toutes les bouches étoient ouvertes pour accuser ; et si, parmi tant de voix accusatrices, aucune ne montra, n'indiqua PROUST au nombre des coupables, il faut en conclure rigoureusement que PROUST étoit innocent.

Cependant, le comité révolutionnaire de Nantes fut mis en jugement, après les 94 Nantais. Trois cents témoins furent appellés ; PROÛST étoit u nombre, et comme sa signature se trouvoit apposée au bas de plusieurs actes du comité, l'accusateur public rendit plainte contre lui, et il fut mis en jugement avec les autres accusés

Il n'est peut-être pas inutile d'observer ici que plusieurs autres ex-membres de ce comité, pareillement entendus en témoignage, pareillement signataires d'actes arbritraires, et sur-tout plus vivement inculpés que PROUST par les témoins et par les accusés, ont été renvoyés libres, et n'ont pas été mis en jugement. Il est encore à remarquer que le tribunal a fait monter en jugement certains soldats de la compagnie *Marat*, tels que *Julien Chartier*, qu'aucune voix n'accusoit, qu'aucun témoin n'a chargé ; et que plusieurs autres soldats de cette même compagnie révolutionnaire, grièvement inculpés dans les débats, n'ont point été mis en cause, et ont paru étonnés eux-mêmes de se voir relâchés. Je pourois faire la même réflexion sur quelques membres des anciens corps administratifs, accusés et convaincus, par leurs propres aveux, d'avoir participé à des mesures sanglantes et liberticides.

C'est donc, sans doute, par une étrange fatalité que Proust a été mis en jugement plutôt que tel ou tel individu plus gravement prévenu que lui.

Voici en peu de mots ce qui est résulté des débats sur le compte de cet accusé.

1°. Trois cents témoins ont été entendus; aucun ne la chargé directement ni indirectement. Presque tous les Nantais ont déclaré qu'il étoit généralement estimé à Nantes; qu'ils le connoissoient pour un honnête homme, doux, humain, probe, bon citoyen; qu'il étoit entré, malgré lui, au comité; qu'il avoit fait tous ses efforts pour en sortir; que pendant qu'il en fut membre, il témoigna souvent le regret qu'il éprouvoit de l'être; et qu'aussi-tôt qu'il eut réussi à obtenir sa démission, il manifesta sa joye d'être redevenu simple citoyen.

2°. Il résulta des déclarations des mêmes témoins, que Proust avoit rendu des services multipliés à ses concitoyens; qu'il avoit fait beaucoup de bien, et qu'aucun mal ne pouvoit lui être imputé.

3°. Ses coaccusés n'ont point nié l'avoir plusieurs fois traité *d'appitoyeur* et de modéré, lorsqu'il élevoit la voix en faveur de quelque détenu.

4°. *Goullin* a reproché à Proust de n'avoir jamais été assidu aux séances du comité, d'avoir paru s'y déplaire, et de s'en être absenté chaque jour, à six heures du soir.

5°. *Chaux* a dit dans le cours des débats : *si je suis acquitté, je me porte son dénonciateur, car personne n'étoit plus négligent que lui ; il n'étoit jamais au comité.*

6°. PROUST, interpellé, a toujours répondu : « Il est possible que j'aie signé cet ordre ;
» il est même possible que j'aie signé des
» arrestations. Quand je voyois les signatures
» des principaux du comité, je n'hésitois
» pas, *je signois de confiance*, mes occupa-
» tions ne me permettant de faire aucunes
» réflexions sur ce qu'on m'apportoit à signer,
» puisque je n'assistois jamais à aucune as-
» semblée ni à aucune délibération, et que
» je me retirois aussi-tôt mon travail fini »
(celui des certificats de civisme.) Cette déclaration n'a été combattue par aucun des accusés.

7.° Pendant la longue durée des débats, PROUST a conservé l'inaltérable tranquillité que donne une conscience pure et exempte de remords. La candeur et la bonne foi, empreintes sur son visage et dans ses discours, se sont montrées au jury avec des caractères gravés par la nature, que l'art peut contrefaire, mais qu'il n'imite et ne saisit jamais.

8° Enfin le jury, sans doute, suffisamment éclairé sur la moralité de l'accusé, a trouvé bon que l'audition des témoins à décharge ne fût point achevée.

Comment donc est-il arrivé que dans le prononcé du jugement se soit trouvé cette étrange décision du juré ?

» Que *Yves* PROUST est convaincu de s'être » rendu l'auteur ou le complice de ces ma-» nœuvres et intelligences, en signant les » ordres donnés à *Affilé*, EN DONNANT DES » ORDRES ARBITRAIRES, ET COMPRIMANT LES » CITOYENS PAR LA TERREUR.

» Mais qu'il n'est pas convaincu d'avoir » agi méchamment et avec des intentions » criminelles et contre-révolutionnaires. »

Quels sont donc les ORDRES ARBITRAIRES que PROUST A DONNÉS? Où sont-ils? Quel témoin en a parlé?

Comment PROUST a-t-il pu être déclaré avoir COMPRIMÉ LES CITOYENS PAR LA TERREUR? Une vérité toute contraire est ressortie pleine et entière des débats. Ah! plaignons la déplorable incertitude des jugemens humains, si d'après sa conviction intime, le juré a prononcé cette étrange décision!

PROUST ne devoit point être jugé.

PROUST a été mal jugé.

PROUST, depuis son jugement, est en état d'arrestation.

Tous les Nantais se sont intéressés à son sort; tous plaignent son malheur; ils sont sûrs qu'il ne l'a point mérité; ils l'ont réclamé, ils le réclament encore.

Lorsque les citoyens de la commune de Nantes sont venus à la barre de la Convention, le 30 nivôse, pour témoigner *leurs inquiétudes sur le jugement du comité révolutionnaire*, ils ont dit: « Quelques-uns » d'entre eux, subjugués par l'ascendant des » chefs, ont pu se laisser entraîner à des » excès que *la simplicité de leurs mœurs*

» *et l'habitude du bien sembloient devoir en* » *préserver : nous leur avons déjà rendu témoignage*, nous le répéterons encore dans » les tribunaux ; et les juges discerneront » le scélérat d'avec le *foible*. »

Il ne faut donc pas, se laissant entraîner par une prévention funeste, croire que les membres du comité révolutionnaire de Nantes, et ses agens, sans exception, aient tous été coupables

Legendre, dans la séance du 5 ventôse, a généralisé cette réflexion, et l'a étendue à tous les comités de la République.

Confondre tous les agens de l'ancien gouvernement dans une même haine, ce seroit être injuste.

Les frapper tous, ce ne seroit pas *punir*, mais *proscrire*.

Ou aucune vérité n'est constante dans le vaste champ de l'intelligence humaine, ou il faut avouer que Proust doit être innocent ; qu'il ne peut être coupable ; qu'il est digne du plus grand intérêt ; et que le retenir plus long-tems dans les fers, c'est assassiner la vertu.

Paris, ce 8 ventôse, an 3 de la République démocratique.

VILLENAVE, *défenseur officieux*.

POST-SCRIPTUM.

Proust est père de cinq enfans.

Il en élève, il en nourrit cinq autres. Ils lui furent légués par son frère, tué le 29 juin 1793, *(vieux stile)* au siège de Nantes, et par sa belle-sœur, que la douleur de la mort de son mari conduisit au tombeau.

Il a adopté, il élève, il nourrit encore un jeune orphelin, agé de 11 ans, natif de Saint-Julien, réfugié de la Vendée. Cet enfant, après avoir vu périr son père, sa mère et sa sœur, se cacha dans les marais; dans les broussailles; et fuyant la mort et la guerre, il vint se réfugier dans la maison hospitalière de Proust. Sa sœur avoit été fille de confiance dans cette maison. Un jour elle avoit dit : *la guerre ravage ces contrées; elle en moissonne les habitans; peut-être mon père est-il en danger? ma mère vit dans les allarmes; je vais les chercher et je vous les amenerai.* --- Va, lui répondit Proust, *et que le ciel conduise tes pas.* Elle partit. Son père et sa mère n'étoient plus. Un plomb meurtrier l'atteignit elle-même dans les champs qui la virent naître, et le fléau de la guerre la dévora dans son printems. . . . . . .

Un fabricant de mouchoirs de *Chollet*, sa femme, sa sœur et cinq enfans, après avoir vu incendier leurs propriétés, se réfugièrent à Nantes. Ils demandoient un toît et du pain; Poust leur ouvrit sa maison, asile de l'inforne; et pendant deux mois entiers, sans les connoître, sans les avoir jamais vus, sans jamais en avoir entendu parler, il pourvut généreusement à leur subsistance et à leurs besoins.... S'il est un homme dans la république qui veuille voir dans Proust un coupable, je lui dirai : *je t'ai dévoilé sa vie, fais-moi connoître la tienne, et comparons.*

Depuis l'arrestation de Proust, 60 à 80 ouvriers qu'il employoit, sont restés sans travail. La commune de Nantes a donnné une frégate à la République. Elle étoit en construction ; les travaux sont cessés depuis que les forges de PROUST sont éteintes.

Son épouse a abandonné sa maison, ses cinq enfans, les six orphelins qu'elle a adoptés ; elle s'afflige, elle se consume, et se ruine.... Ah ! pour tout le bien qu'ils ont fait, ils ont recueilli des larmes ! . . . Législateurs, brisez ces fers ! ils ont trop longtems pésé sur les mains de l'homme juste.

VILLENAVE, *défenseur officieux.*

PIÈCES JUSTIFICATIVES.

N°. I.

Les citoyens soussignés, habitans de Nantes, *dont une partie a supporté les actes arbitraires du comité de surveillance et révolutionnaire*, actuellement à Paris, attestent avoir connu le citoyen Yves Proust, cloutier, depuis et avant la révolution, pour un bon mari, un bon père, un bon parent, un honnête homme; exerçant avec probité son état; qu'ils ne l'ont pas vu, avec indifférence, faire partie dudit comité, dans l'intime persuasion où ils ont toujours été, en rendant hommage à la bonté de son cœur, qu'il pourroit, s'il étoit en son pouvoir, être utile à ses concitoyens en s'opposant aux actes arbitraires et vexations qui en seroient les suites.

Ils regardent les signatures qu'il a données, comme *dues à la foiblesse, et arrachées par la crainte et les menaces qui ont pu lui être faites par quelques membres du comité qui exercoient* UNE INFLUENCE ABSOLUE *sur leurs confrères, la terreur siégeant parmi eux, comme dans toute la commune.*

Ils déclarent avec vérité, que ledit *Proust* et son épouse *ont toujours accueilli avec franchise, et la plus grande affabilité*, les parens et amis qui alloient solliciter en faveur des oppressés et des détenus, et qu'ils ont rendu *des services réels, en contribuant par leurs propres sollicitations et démarches à la mise en liberté de beaucoup d'eux.*

C'est d'après ces connoissances et ces témoignages, qu'ils réclament la mise en liberté de cet *honnête citoyen* nécessaire à ses cinq enfans en bas âge, à une parente agée dont il a soin, et à cinq mineurs dont il est chargé. Ses concitoyens le verront, avec satisfaction, rev enir dans le sein de leur ville, *d'après les sentimens d'humanité qui l'ont toujours fait distinguer.*

Nantes, le 19 nivôse, l'an troisième de la république française, une et indivisible.

Signés :

R. Haguelon, négociant.
Couilliaud, commissaire bienveillant de la 14e. section.
Veuve *Babut*, négociant.
Labouchère, négociant.
le Fievre, négociant.
Painparay, négociant.
Amb' Perrotin, négociant.
François Laplaine, marchand cloutier.
Gicqueau, marchand.
Ribourdouille, tonellier.
J. C. Ponsart, perruquier.
Praud aîné, voilier.
Tabouré, voilier.
Gauttier, traiteur.
Mathurin Giraud, marchand.
Jean Dubois, épicier.
Lormier, négociant.
G. Chaussat, négociant.
Guillon, *père*, négociant.
Lamaignere, négociant.
J. C. Madiot, marchand de draps.
Vallin, *aîné*, receveur du district.
Foiny, *aîné*, menuisier.
Fruchard, négociant.
Chaillou, négociant, commissaire bienveillant de la 14e. section.
Vallin, cultivateur.
Marlé, orfèvre.
Drouet, marchand de vin.
Graton, entrepreneur de bâtimens.
Pierre Legand,
Gabois, marchand de vin
Michel Violeau, marchand.
Pontoire, tonellier.
J. P. Agaisse, négociant.
G. Agaisse, négociant.
Marcorelle, tonnelier.
Philippe, marchand.
Briand, *jeune*, négociant.
Cassy, constructeur de navire.
Bricard, avoué.
Jacquin, épicier.
G. Dupuy, marchand.
Guichet
Guerin, négociant.
Desbois, confiseur.
Vachon, boucher.
F. Baron, homme de loi.
L. Brelet, boucher.
Guerin, serrurier.
Aubin, boulanger.
Chenard, épicier.
Courtois, négociant.
Bernard, négociant.
P. M. Leray, négociant.
J. Aubert.
Corpron, négociant.
Bellin, négociant.
Bridon, négociant.
Souhigaray, négociant.
F. Davau, négociant.
R. Cholois, négociant.
Boileau aîné, épicier.

N°. 2.

CERTIFICAT DE CIVISME.

Département de la Loire inférieure,

DISTRICT ET COMMUNE DE NANTES.

Au nom de la République une et indivisible.

Nous maire, officiers municipaux et notables de la commune de Nantes, certifions que le citoyen *Yves* PROUST, aîné, etc.... En conséquence, nous avons délivré au citoyen *Yves* - PROUST, aîné; le présent certificat de civisme.

Fait à la maison commune, le 13 pluviôse, l'an trois de la République française, une et indivisible.

Délivré en double *et par duplicata* du vingt - trois brumaire, an deux de la République.

Suivent trent - huit signatures de la municipalité, conseil général de la commune et district renouvellés, par les représentans du peuple, depuis le 9 thermidor.

N°. 3.

Liste des citoyens et citoyennes dont PROUST *a obtenu la mise en liberté, à force de sollicitations, de démarches et de prières.*

Sagory, négociant.
Beaudouin, négociant.
Les trois sœurs *Olivier*, lingères.
Moreau, cabaretier.
Pichon, portefaix.
La citoyenne *Legou*, lingère
Legou, lingère, nièce de la précédente.
Guyon, négociant.
Bernard aîné, négociant.
Bernard Canelle, négociant.
Perrotin, négociant.
Babut, négociant.
Gerbier aîné, négociant.
La veuve *Kirion d'Orveau*, cultivateur.
Loizeau, marchand.
Femme *Loiseau*.
Bertaud-la-Violaye, ex-privilegié, cultivateur.
Veuve *Monty*, ex-privilégiée.
Drouin, négociant.
Michel, chirurgien.
Lacoutancière, de la Chapelle-sur-Erdre, ex-privilegié.
Fruchard, négociant.
Ricordeau, revendeuse.
Ricordeau, revendeuse.

Femme *Marion*, marchande sur le pont d'Erdre.
Aubin d'Orveau, marchand
Pelletier, agé de 77 ans, borgne.
Trévelec, ex-privilégié, aveugle.
Veuve *Litou*, marchande.
Veuve *François*, marchande
Femme *Fradin*, marchande.
Foullonneau, boucher.
Nau, épicier.
Dubois, épicier.
Femme *Freuchard*, revendeuse.
Aglon, négociant.
Daubrai, négociant.
Guertin, épicier.
Loret, épicier.

NOTA. On n'a compris dans cette liste de quarante-et une personnes, que celles dont *Proust* s'est rappellé les noms ; il en est plus de cent qui lui doivent leur liberté. Il en est un grand nombre encore dont il a empêché l'arrestation.

N°. 4.

Extrait d'une lettre écrite à la citoyenne PROUST, *à Paris, par la citoyenne* BABUT.

Nantes 18 nivose, 3e. année de la république.

Je ne vous ai pas écrit plutôt, ma chère *Proust*, pour vous témoigner combien je prenois de part à vos peines. J'avois imaginé que *les pétitions que j'ai signées, ainsi que tant de braves citoyens de notre ville* suffiroient pour prouver l'honêteté et l'innocence de votre mari. . . bon citoyen, bon mari, bon père, et par dessus tout parfait honnète homme ; je puis affirmer qu'il *a rendu tous les services qu'il a pu, ainsi que vous*, ma chère bonne femme, *à tous ceux qui se sont adressés à lui* dans la terrible crise où nous nous sommes trouvés, et bien gratuitement. Par quelle fatalité faut-il donc qu'il se soit trouvé dans ce fatal comité, lui brave homme, *qui ne vouloit pas en être et qui a fait tout ce qu'il a pu pour en sortir... Il n'y a pas une section à Nantes qui ne lui rende justice, et toute la ville l'affirmera et le signera, s'il le faut.* Mon opinion, et celle des miens n'est pas suspecte... Mon fils, un des meilleurs soldats de la patrie, fut arrêté à son poste, par la seule raison qu'il étoit cavalier Nantais, et conduit à *l'Eperonnière*, il en fut arraché par votre brave mari, sans quoi il auroit été du voyage de Paris avec les cent trente deux Nantais, lui qui, depuis trois mois, couchoit sur la terre, enveloppé dans son manteau. Il faisoit la guerre avec *Axo*, qui se plaignoit qu'on lui enlevoit les plus braves soldats, mais inutilement. Mon fils, depuis le 9 thermidor, a envoyé ses certificats de service à la convention, qui lui a donné le grade d'officier dans le 11e. régiment des chasseurs à cheval. Il est actuellement à *Manheim*; quoique couvert de blessures, s'il savoit, ma chère bonne femme, que son assertion de la reconnoissance qu'il doit à votre mari pour sa délivrance, *avec tant d'humanité, tant de désintessement*, pour sauver un brave soldat à la république, put être de quelque considération, il le feroit de cœur et d'ame; il faudroit lui adresser votre lettre au dépôt à Nancy, etc. Son frère, consul général de Suéde à Nantes, et tous les miens, le brave citoyen *Labouchère*, tous, ma bonne amie, faisons des vœux bien sincères pour la délivrance de votre mari, et pour votre bonheur à tous les deux. Puissions-nous vous revoir et contens! je vous embrasserois, mes pauvres amis, avec autant de joye et de sensibililé que j'en éprouvai, *lorsqu'à une heure après minuit, vous vintes m'annoncer la délivrance de mon fils. Toujours votre amie, je vous aimerai.* etc.

Signé Veuve BABUT.

N°. 5.

Noms des témoins à décharge et leurs déclarations.

1. *Pierre Guillaume Henri* GIRAUT, maire de Nantes, déclare qu'un cri unanime des habitans de cette commune proclame *Proust* bon citoyen, honnête homme; et qu'il n'a jamais été qu'un être passif dans le comité révolutionnaire.

2. MATHIEU COUSSIRAN, ex-administrateur du District, déclare connoître *Proust*, depuis 15 ans; qu'il est bon, humain; qu'il l'a cent fois entendu dire qu'il étoit fâché d'avoir été forcé d'entrer au comité, et

qu'il

qu'il feroit son possible pour en sortir, ce qu'il est parvenu à effectuer deux mois et demi avant l'arrestation du comité.

3. *François* Langevin, négociant, déclare qu'il connoît *Proust* pour un bon patriote, un bon père de famille et un brave homme.

4. *François* Michaud, déclare que, depuis longues années, il connoît *Proust* pour un homme probe, qu'il a toujours vu et entendu dire qu'il étoit un bon citoyen franc et humain.

5. *Jean* Badeau, négociant, déclare que *Proust*, est un parfait honnête homme, bon père, bon ami, et bon citoyen.

6. *Pierre Frédéric* Daubré, négociant, déclare que *Proust* est un parfait honnête homme; qu'ayant assisté plusieurs fois aux séances du comité, il s'est apperçu du peu d'influence que *Proust* y avoit; il ajoute que *Proust* étoit très-content d'avoir pu obtenir sa démission.

7. *François* Vilmain, négociant, déclare qu'il connoît *Proust* depuis vingt ans; qu'il a toujours joui d'une excellente réputation, et qu'il faisoit tout ce qui dépendoit de lui pour rendre service à ses concitoyens.

N. B. Le président du tribunal révolutionnaire ayant demandé au défenseur officieux de *Proust*, s'il comptoit faire entendre en témoignage toute la ville de Nantes, et observant que le jury devoit être suffisamment éclairé sur sa moralité, le reste des témoins à décharge ne fut point *oui*; ils étoient assignés au nombre de vingt-un, et plus de cinquante avoient offert de venir témoigner en faveur de cet accusé.

Parmi les témoins à charge, presque tous les Nantais s'étoient fait un devoir de lui rendre justice.

Le citoyen Leroux, capitaine de navire avoit déclaré connoître dans *Proust*, un homme rempli d'humanité et de justice, et l'avoir vu gémir de ne pouvoir obtenir sa démission.

Le citoyen Guinche, fils, élève de l'école normale avoit déclaré connoître *Proust* pour un parfait honnête homme, aimant à faire le bien, et ayant rendu beaucoup de services à la ville de Nantes.

Le citoyen *Mosneron*, avoit déclaré que *Proust*

étoit essentiellement bon, honnête et humain ; qu'il étoit LE BON ANGE DU COMITÉ, et qu'on alloit chez lui reclamer ses bons offices et chercher des consolations.

etc. etc. etc.

A PARIS, de l'Imprimerie de GUERIN, rue des Boucheries-Honoré.

www.ingramcontent.com/pod-product-compliance
Lightning Source LLC
LaVergne TN
LVHW020248230826
846091LV00006B/2299

* 9 7 8 2 0 1 3 6 6 1 0 9 6 *